AF456467

10 Mai 1905

V

COLLECTION

DE

M. le Consul Sébastien B. SCHLESINGER

ANCIENNES

PORCELAINES

D'ALLEMAGNE

OBJETS VARIÉS

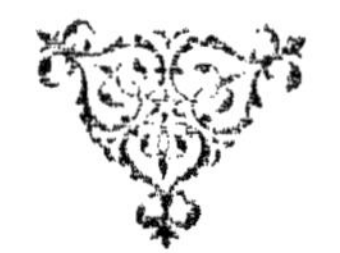

COLLECTION

DE

M. le Consul Sébastien B. SCHLESINGER

ANCIENNES
PORCELAINES D'ALLEMAGNE

OBJETS VARIÉS

CONDITIONS DE LA VENTE

Elle sera faite au comptant.

Les acquéreurs paieront **dix pour cent** en sus des prix d'adjudication.

L'exposition mettant le public à même de se rendre compte de l'état des objets, il ne sera admis aucune réclamation une fois l'adjudication prononcée.

Paris. — Imp. Georges Petit, 12, rue Godot-de-Mauroi. — 15269-05.

CATALOGUE

DES

PORCELAINES

Anciennes

DE SAXE, DE HOECHST

DE FRANKENTHAL, DE LOUISBOURG

OBJETS VARIÉS

COMPOSANT LA COLLECTION DE

M. le Consul Sébastien B. SCHLESINGER

DONT LA VENTE AURA LIEU

HOTEL DROUOT, SALLE N° 11

Le Mercredi 10 Mai 1905

A DEUX HEURES

COMMISSAIRE-PRISEUR	EXPERTS
Me F. LAIR-DUBREUIL	**MM. MANNHEIM**
6, Rue de Hanovre, 6	7, Rue Saint-Georges, 7

EXPOSITION PUBLIQUE

Le Mardi 9 Mai 1905, de 1 h. 1/2 à 5 h. 1/2.

DÉSIGNATION DES OBJETS

Porcelaines de Saxe

1 — STATUETTE en ancienne porcelaine blanche de Saxe : le berger Pâris tenant la pomme et assis sur un rocher.

2 — FIGURINE en ancienne porcelaine de Saxe : Jupiter debout.

3 — FIGURINE en ancienne porcelaine de Saxe : jeune femme jouant de la vielle.

4 — FIGURINE en ancienne porcelaine de Saxe : marchand d'œufs et de volailles.

5 — FIGURINE en ancienne porcelaine de Saxe : personnage de la comédie italienne, jouant de la cornemuse.

6 — FIGURINE en ancienne porcelaine de Saxe : personnage nu, debout, tenant un poignard.

7 — FIGURINE en ancienne porcelaine de Saxe : le berger Pâris tenant la pomme.

8 — FIGURINE en ancienne porcelaine de Saxe : amour debout tenant un arc et une flèche.

9 — FIGURINE en ancienne porcelaine de Saxe : paysan fendant du bois.

10 — FIGURINE en ancienne porcelaine de Saxe : la marchande de fleurs debout en corsage vert.

11 — FIGURINE en ancienne porcelaine de Saxe : amour costumé en fillette.

12 — FIGURINE en ancienne porcelaine de Saxe : personnage assis, coiffé d'un chapeau pointu jaune et jouant de la cornemuse.

13 — STATUETTE en ancienne porcelaine de Saxe : berger debout jouant de la musette : culotte bleue, veste blanche.

14 — PETIT GROUPE en ancienne porcelaine de Saxe : un fleuve et une nymphe.

15 — DEUX STATUETTES de personnages vêtus à l'orientale, assis auprès d'une corbeille avec couvercle. Ancienne porcelaine de Saxe.

16 — PETIT GROUPE : fillette et jeune garçon nus tenant des fleurs. Ancienne porcelaine de Saxe.

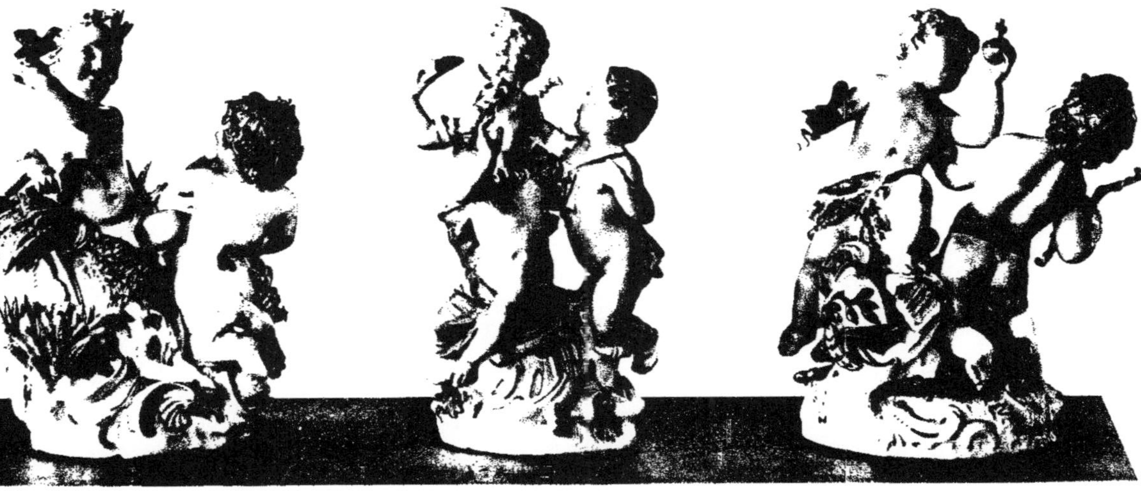

22 23 21

17 — Groupe en ancienne porcelaine de Saxe : joueuse et joueur de flûte, debout.

18 — Groupe en ancienne porcelaine de Saxe, composé de trois personnages : le marchand de colifichets.

19 — Groupe en ancienne porcelaine de Saxe : Diane assise accompagnée d'un enfant nu et d'un chien. A côté, un vase ajouré avec couvercle.

20 — Groupe en ancienne porcelaine de Saxe, composé de quatre personnages : Amphitrite, une néréide et un amour trainant hors de l'eau dans un filet un jeune triton, au milieu de poissons.

Haut., 33 cent.

21 — Groupe en ancienne porcelaine de Saxe, composé de deux enfants personnifiant, l'un, l'Europe, l'autre l'Amérique.

Haut., 25 cent.

22 — Groupe en ancienne porcelaine de Saxe, personnifiant l'Automne et composé de deux enfants et d'une chèvre au milieu de gerbes de blé et de pampres.

Haut., 25 cent.

23 — Groupe en ancienne porcelaine de Saxe de trois enfants nus, l'un d'eux dansant en tenant un masque, les deux autres placés sur un tertre, derrière lui.

Haut., 5 cent.

24 — Groupe en ancienne porcelaine de Saxe composé de trois amours, autour d'un médaillon et personnifiant la gloire militaire.

Haut., 23 cent.

25 — Groupe en ancienne porcelaine de Saxe : la mère de famille accompagnée de deux fillettes, l'une sur ses genoux, l'autre assise devant elle.

Haut., 18 cent.

26 — Groupe en ancienne porcelaine de Saxe : la cueillette des cerises.

Haut., 28 cent.

27 — Brule-parfum, formé d'un taureau couché en ancienne porcelaine de Saxe, portant une cassolette en poterie japonaise. Monture en bronze doré ornée de fleurettes d'ancienne porcelaine.

28 — Quatre vases de forme contournée, avec couvercles en ancienne porcelaine de Saxe, décorés de rocailles, de fruits, de fleurs et de plumes avec figures et animaux en ronde-bosse et oiseaux.

Haut., 36 cent.

29 — Deux salières à deux compartiments, en ancienne porcelaine de Saxe, avec figurines de personnages assis, formant poignées.

30 — Théière avec couvercle et passoire, en ancienne

porcelaine de Saxe, décorée de fleurs. Elle repose sur un support composé de trois figurines en porcelaine de Saxe.

31 — Petit buste de satyre en porcelaine de Saxe-Marcolini.

32 — Tasse avec couvercle et soucoupe en porcelaine de Saxe-Marcolini. Sujet galant, fond gros bleu.

33 — Autre analogue, même porcelaine.

34 — Tasse avec couvercle et soucoupe en porcelaine de Saxe-Marcolini : médaillons à personnages.

35 — Groupe de quatre enfants musiciens, sur base ronde. Saxe.

36 — Tasse et soucoupe, décor doré de style antique. Porcelaine de Saxe.

Porcelaines de Hoechst

37 — Deux figurines en ancienne porcelaine de Hoechst : fillette debout portant des fleurs dans son tablier et jeune garçon debout, tenant des raisins dans son chapeau.

38 — Deux figurines en ancienne porcelaine de Hoechst : enfants musiciens debout.

39 — Figurine en ancienne porcelaine de Hoechst : fillette debout en corsage rayé et tablier jaune.

40 — Deux figurines en ancienne porcelaine de Hoechst : le forgeron et le tonnelier.

41 — Figurine de fillette debout, vêtue de rose, en ancienne porcelaine de Hoechst.

42 — Deux statuettes d'enfants nus debout, s'appuyant à un vase et tenant des fleurs. Hoechst.

43 — Statuette d'enfant nu endormi en ancienne porcelaine blanche de Hoechst.

44 — Statuette en ancienne porcelaine de Hoechst : adolescent debout auprès d'une niche, sur laquelle est grimpé un chat.

45 — Petit groupe en ancienne porcelaine de Hoechst : la mort du porc.

46 — Groupe en ancienne porcelaine de Hoechst : jeune femme debout, auprès d'un joueur de vielle.

Haut., 28 cent.

47 — Groupe en ancienne porcelaine de Hoechst : Chinois et Chinoise, sujet galant.

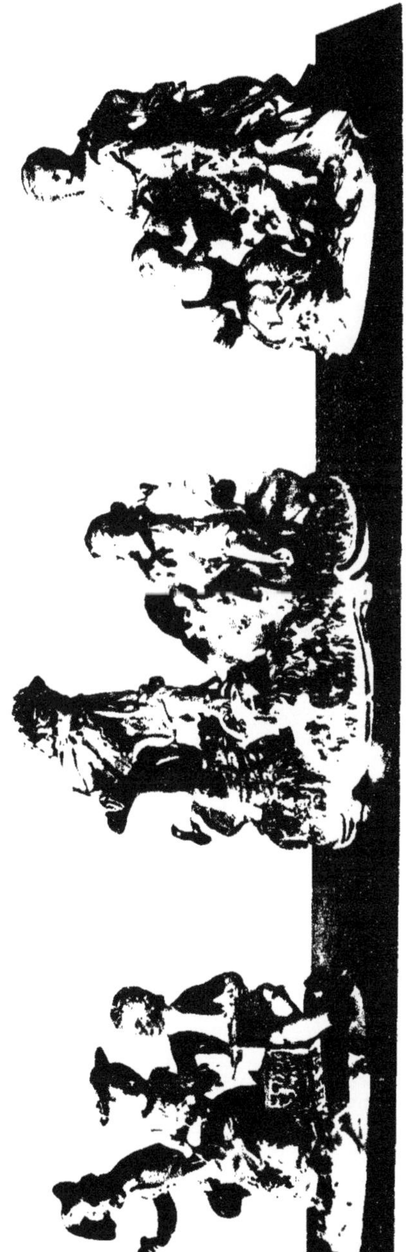

48 — Groupe en ancienne porcelaine de Hoechst : sujet galant : adolescent et jeune femme vêtus à l'orientale.

49 — Statuette en ancienne porcelaine de Hoechst : jeune garçon tirant un chien par la queue.

50 — Groupe en ancienne porcelaine de Hoechst ; fillette couronnant de fleurs un jeune garçon endormi auprès d'un vase.

51 — Groupe en ancienne porcelaine de Hoechst : jeune mère de famille accompagnée de trois enfants, prenant des pommes dans une corbeille.

52 — Groupe en ancienne porcelaine de Hoechst, formé de trois enfants jouant.

53 — Groupe de deux enfants nus, placés sur un socle partiellement émaillé rose. Ancienne porcelaine de Hoechst.

54 — Deux candélabres à deux lumières, en bronze doré, ornés chacun d'une figurine en ancienne porcelaine de Hoechst : le forgeron et le tonnelier.

55 — Vase pot-pourri avec couvercle, partiellement ajouré, en ancienne porcelaine blanche de Hoechst.

Porcelaines variées

56 — Tasse et soucoupe en porcelaine allemande : personnages et armoiries.

57 — Potiche avec couvercle décorée de réserves à personnages en camaïeu rose, se détachant sur fond jaune. Porcelaine allemande.

58 — Figurine en ancienne porcelaine d'Allemagne : berger debout jouant de la musette et accompagné d'un chien.

59 — Figurine en ancienne porcelaine d'Allemagne : bergère debout en corsage jaune et jupe à fleurs.

60 — Groupe en ancienne porcelaine d'Allemagne : joueur de musette et joueuse de xylophone.

61 — Figurine en ancienne porcelaine de Frankenthal : femme debout jouant du luth.

62 — Statuette en ancienne porcelaine de Frankenthal : paysanne en robe verte, aiguisant une serpe.

63 — Groupe en ancienne porcelaine de Frankenthal : jeune femme assise auprès d'un adolescent, qui lui sert à boire ; devant eux, une coupe de raisins.

Haut., 21 cent.

64 — Groupe en ancienne porcelaine de Franken-

thal : jeune femme endormie à qui un adolescent apporte une lettre dans une corbeille de fleurs.

Haut., 18 cent.

65 — GROUPE en ancienne porcelaine de Frankenthal, composé de deux personnages et de quatre enfants, jouant au pied d'un arbre.

66 — DEUX GROUPES en ancienne porcelaine de Frankenthal : scène galante et personnages se chauffant à un brasero.

67 — GROUPE formé d'une jeune femme et d'un adolescent assis sous un bosquet et buvant : devant eux, une corbeille de raisins. Ancienne porcelaine de Frankenthal.

Haut., 28 cent.

68 — GROUPE en ancienne porcelaine de Frankenthal : jeune femme jouant du luth, assise sous un bosquet auprès d'un adolescent jouant de la flûte : devant eux une fillette.

Haut., 24 cent.

69 — GROUPE en ancienne porcelaine de Frankenthal, composé de trois personnages vêtus à l'orientale, dans un kiosque enguirlandé de fruits.

Haut., 26 cent.

70 — FIGURINE de hussard debout, en ancienne porcelaine blanche de Louisbourg.

71 — PETIT GROUPE en ancienne porcelaine blanche de Louisbourg, formé de deux amours enguirlandant un vase.

72 — Figurine en ancienne porcelaine de Louisbourg : personnage debout, vêtu de blanc ; près de lui, une cruche sur un rocher.

73 — Figurine en ancienne porcelaine de Louisbourg : paysan debout en culotte rouge, portant un sac de fruits.

74 — Figurine en ancienne porcelaine de Louisbourg : jeune garçon jouant de la musette.

75 — Figurine en ancienne porcelaine de Louisbourg : femme debout tenant une brebis sur le bras gauche.

76 — Cinq statuettes d'enfants nus debout personnifiant les cinq Sens, en ancienne porcelaine de Louisbourg.

77 — Statuette en ancienne porcelaine de Louisbourg : allégorie de la Douleur sous les traits d'une femme en pleurs s'appuyant sur une urne.

Haut., 30 cent.

78 — Statuette en ancienne porcelaine de Louisbourg : Orphée et Cerbère.

Haut., 28 cent.

79 — Statuette de femme jouant du luth, en ancienne porcelaine de Louisbourg.

80 — Statuette en ancienne porcelaine de Louisbourg : personnage debout tenant un masque.

81 — Figurine en ancienne porcelaine de Louisbourg : jeune femme assise auprès d'une gerbe de blé, tenant une coupe et portant un chien sur ses genoux.

82 — Deux petits groupes en ancienne porcelaine de Louisbourg : paysanne et paysan prenant une collation ; sujet galant.

83 — Statuette en ancienne porcelaine de Louisbourg : femme debout à demi nue, tenant une coquille pleine de bijoux.

84 — Deux petits groupes en ancienne porcelaine de Louisbourg : patineur et patineuse, berger et bergère.

85 — Deux petits groupes en ancienne porcelaine de Louisbourg, formés de personnages assis autour d'une colonne et mangeant des fruits ou arrangeant des fleurs.

86 — Tête-a-tête en ancienne porcelaine de Vienne, à décor doré sur fond bleu : théière, pot à lait et sucrier avec couvercles, deux tasses avec soucoupes et plateau.

87 — Groupe en ancienne porcelaine de Vienne, composé de trois enfants nus accompagnés d'une chèvre, tenant des grappes de raisin.

Haut., 19 cent.

88-97 — Environ cent soixante et une pièces de service à décors variés, en anciennes porcelaines de Saxe, de Vienne, de Louisbourg : Soupières, légumiers, poêlons, saladiers, compotiers, plats, assiettes, tasses, soucoupes, salières, etc. Seront divisées.

98 — Groupe en ancienne porcelaine italienne de quatre personnages sur des rochers, accompagnés de chiens et cueillant des fruits.

Objets divers

99 — Coupe en ancienne faïence de Delft, style chinois. Marque d'une des ventes du musée de Dresde.

100 — Étui cylindrique en ancien émail de Saxe, à décor de paysages sur fond bleu. Il contient quelques ustensiles.

101 — Boite plate en or émaillé en plein : paysage animé. Genève. Commencement du XIXe siècle.

102 — Boite ronde en or émaillé bleu.

103 — Peigne, collier et paire de boucles d'oreilles, améthystes et petites perles montées or et argent doré.

104 — Jeu d'échecs sculpté, peint rouge et vert. Travail indien. Dans un écrin.

105 — Tapis d'Orient. Fleurs sur fond rouge.

106-107 — Deux vitrines à fond de glaces, montées en cuivre.

Haut., 1m75 cent. ; larg., 92 cent. ; prof., 35 cent.

www.ingramcontent.com/pod-product-compliance
Ingram Content Group UK Ltd.
Pitfield, Milton Keynes, MK11 3LW, UK
UKHW022143260726
13993UKWH00005B/2117

9 782329 520216